AF143311

ENTRE MES BRAS

ET

LES ÉTOILES

Ingrid Bruneau

ENTRE MES BRAS

ET

LES ÉTOILES

Copyright © Ingrid Bruneau
Correction et relecture : Mathilde Dumas
Illustration : Laurie-Anne Vincent

Édition : BoD · Books on Demand,
31 avenue Saint-Rémy, 57600 Forbach,
bod@bod.fr
Impression : Libri Plureos GmbH,
Friedensallee 273, 22763 Hamburg
(Allemagne)

ISBN : 978-2-3225-5355-6
Dépôt légal : Mai 2025

Que reste-t-il après l'inimaginable ? Comment survit-on à ce que l'on croyait insurmontable ? Pendant longtemps, je n'ai pas eu de réponse. J'avais juste mal. Aujourd'hui encore, je ne sais pas si j'ai trouvé la réponse, mais j'ai trouvé une manière d'exister avec cette douleur.

Préface

Après la mort de Louise, j'ai éprouvé le besoin d'écrire ce que je ressentais. C'était devenu ma thérapie. Ces écrits, je les ai gardés pour moi, et peu de personnes les ont lus. C'était une sorte de journal intime, le reflet de la première année passée sans elle, une année où chaque jour ressemblait à une bataille contre l'absence, contre son absence.

Aujourd'hui, je ressens à nouveau ce besoin d'écrire. Mais cette fois, différemment. Pas seulement pour moi, mais pour celles et ceux qui, comme moi, se sont un jour demandé : et après ? Que reste-t-il quand la vie bascule ? Comment continue-t-on à avancer quand le sol s'effondre sous nos pieds ?

Ce livre n'est pas un guide, ni une réponse toute faite. C'est un chemin. Celui que j'ai décidé d'emprunter – ou que la vie m'a laissée prendre – avec ses doutes, ses peines et ses petits moments de joie. C'est aussi un livre sur

Louise, sur ma vie après elle, sur le vide qu'elle a laissé et la manière dont j'ai tenté de le combler, ou du moins de l'apprivoiser. Mais c'est également un livre sur l'amour, sur le couple face à l'inexplicable, sur mon combat pour « redevenir » mère après avoir connu l'inimaginable.

Il y a encore quelques mois, je n'aurais pas osé partager ces mots. Aujourd'hui, je le fais, parce que je sais que quelque part, quelqu'un en a peut-être besoin autant que moi. Et si ce livre peut aider ne serait-ce qu'une personne, alors j'aurai la certitude que Louise n'est pas partie pour rien.

À Louise, pour toujours.

Chapitre 1

Mes premiers mots sont pour toi

Mon bébé, Mon amour, Ma reine, Ma fille,

Pas un jour ne passe sans que je pense à toi. Tu es partout. Dans le silence de la maison, dans le vent qui caresse mon visage, dans chaque battement de mon cœur, dans chaque étoile que je regarde la nuit... Tu es là partout avec moi, et pourtant tu me manques terriblement.

Je t'ai portée pendant neuf mois. Neuf mois durant lesquels j'ai rêvé de toi, j'ai imaginé chaque centimètre de ton visage, de notre vie ensemble, de tout ce que j'allais te donner. J'imaginais tes premiers rires, tes premiers pas, tes premiers mots, tes bras autour de mon cou. Je m'imaginais te regarder grandir, t'accompagner, te voir devenir cette petite fille, puis une jeune fille et enfin une femme forte et courageuse.

Mais ce soir-là de décembre, tout a basculé. Ce jour-là, tu es née. Ce jour-là, tu es partie. Et moi, je suis restée avec ce vide immense.

Je suis devenue maman, mais une maman sans son bébé. Une maman qui a dû te dire au revoir. Une maman qui te cherche partout, et qui ne te trouve nulle part.

Je t'aime d'un amour que rien ne pourra jamais effacer. Tu es ma fille, tu le seras toujours. Peu importe que tu ne sois plus dans mes bras, tu es gravée dans mon cœur, dans ma chair, dans chaque souffle que je prends.

Mais il y a une vérité que je dois te dire, parce que l'amour, c'est aussi l'honnêteté. Je t'ai aimée si fort, mais il m'est arrivé aussi de te détester. De t'en vouloir de m'avoir laissée. De nous avoir laissés. Je sais que ce n'est pas ta faute, je sais que tu n'as rien choisi. Mais parfois, la douleur m'a rendue injuste. Je m'en veux tellement d'avoir pensé ça et je te demande pardon. Parce que la vérité, c'est que je t'aime plus que tout, et que cette colère, c'était juste le reflet de mon chagrin, de ce manque immense. Je t'ai suppliée dans ma tête. J'ai hurlé en silence pour que tu survives. Mais, tu étais déjà partie... et moi, je suis restée avec ces questions sans réponse. Pourquoi toi ? Pourquoi nous ? Pourquoi maintenant ?

Aujourd'hui, j'essaie d'apaiser cette colère et surtout cette culpabilité. Je commence à comprendre que ce n'est la faute de personne.

Alors, je te fais une promesse : je vais donner un sens à ta mort. Je refuse que ton passage dans nos vies, soit réduit à un drame, à une date tragique. Tu es bien plus que cela. Tu es mon enfant, tu es l'amour que j'ai découvert en devenant maman. Je veux que le monde sache que tu as existé. Je veux que ton prénom soit dit, que ton histoire soit racontée, que ton souvenir traverse le temps.

Je veux que les autres parents qui ont vécu ce vide se sentent moins seuls. Que ceux qui souffrent dans le silence trouvent un peu de réconfort en lisant ces mots et notre histoire.

J'écris pour toi, pour que tu ne sois jamais oubliée. J'écris pour moi, pour survivre à ton absence. J'écris pour que ton nom résonne, pour que ta vie, aussi courte soit-elle, laisse une trace dans ce monde. Et surtout, j'écris parce que je crois qu'un jour, on se retrouvera.

Je suis certaine que ce jour viendra, où je pourrai enfin te serrer contre moi, te dire tout ce que je n'ai pas eu le temps de te dire. Je sais que ce jour-là, je te reconnaîtrai. On se racontera. Toi, ta vie ailleurs, et moi, ce chemin que j'aurai parcouru en pensant à toi, chaque jour.

Je t'aime d'un amour infini, d'un amour de maman, d'un amour qui traverse tout, même la mort.

Je t'aime pour l'éternité. Je t'aime à jamais.

Ta maman.

Chapitre 2

Quand la naissance rime avec absence

Ce 28 décembre 2023, je me souviens du silence. De ce silence assourdissant laissé par ces mots : « Il n'y a plus d'activité cardiaque. » Je me souviens de la froideur de la pièce, de l'image figée sur l'écran devant moi, de mon propre souffle, comme si mon corps et mon esprit s'étaient dissociés. À cet instant, tout s'est arrêté en moi. Et j'ai su, avec une certitude douloureuse, que ma vie ne serait plus jamais la même.

Comme une chute dans le vide, le monde m'a brisée. Ce soir-là, mon regard était figé sur cet écran, cherchant à trouver un espoir. Un écran qui, quelques jours plus tôt, m'avait montré ma fille, un cœur battant avec force et envie. Et là, il n'y avait plus rien. Seulement un vide immense. J'avais juste envie de hurler. De hurler au monde entier que c'était injuste, que ça ne pouvait pas être vrai. J'avais envie de briser cette putain de réalité en mille morceaux. Que tout explose, que tout s'efface. J'étais en colère. Contre tout. Contre mon corps qui n'avait pas su la garder en vie. Contre le monde entier qui continuait d'exister, alors que le mien venait de s'effondrer. Contre les médecins qui ne pouvaient rien faire d'autre que constater l'irréparable. Pourquoi ? Pourquoi nous ? Pourquoi elle ? Ce ventre arrondi qui quelques jours plus tôt était ma plus grande fierté, ma plus grande joie, était devenu ma prison. Chaque mouvement que je croyais ressentir, chaque pression au creux de mon ventre me rappelait cruellement qu'il n'y avait plus rien. Plus de battements de cœur. Plus de vie. Seulement le souvenir de ce qui avait été, et l'horreur de ce qui m'attendait.

Pourquoi, si près du terme ? Nous avions tout préparé pour elle. Sa chambre était prête, ses petits vêtements soigneusement lavés et pliés, son lit installé, ses affaires rangées. Nous l'attendions avec tellement d'impatience. Elle était censée arriver bientôt. Plus que quelques jours à attendre. Et pourtant, elle n'arriverait jamais.

Neuf mois pour rien ! Neuf mois passés à la protéger, à l'aimer, à la sentir grandir en moi. Tout s'est effondré à quelques pas de la ligne d'arrivée. Ce n'était pas censé se passer comme ça. Pas maintenant, ni jamais. Pas elle. Je crois bien qu'à cet instant, j'ai eu envie de mourir avec elle. C'était brutal, incontrôlable. Comme si, sans elle, tout ce que j'avais construit n'avait plus de sens. Je ne voyais plus d'avenir. Tout était foutu. Ma vie serait foutue à jamais. Et pourtant, il fallait continuer.

Un sentiment oublié depuis l'enfance me traversait. Celui que l'on ressent lorsqu'on fait une grosse bêtise, et que l'on comprend qu'il est trop tard. Que l'on ne peut plus revenir en arrière. Ce moment où l'on voudrait effacer ce qui vient de se passer, mais où l'on sait que c'est impossible. On voudrait remonter le temps, mais on est coincé. C'est exactement ce que je ressentais. Je voulais revenir la veille, deux jours avant, une semaine avant... peu importe. Je voulais revenir avant ce 28 décembre. Avant ce silence. Mais je ne pouvais pas. Et cette impuissance me terrifiait. Je devais donner la mort à la place de la vie.

Et puis, il a fallu que j'accouche. C'était un 31 décembre. J'étais là, dans cette chambre d'hôpital, à attendre un accouchement que je ne voulais pas vivre. Un accouchement qui ne mènerait à rien, sinon à me confronter à l'absence. J'étais épuisée, mon corps était vidé de tout espoir, et pourtant, il devait encore traverser cette épreuve, donner naissance à un bébé qui n'aurait jamais de premier cri. Je me demandais pourquoi on m'avait fait subir ça. Pourquoi on ne m'avait pas simplement endormie, pourquoi on n'avait pas pris Louise par césarienne, pourquoi on me laissait dans cette attente interminable. À quoi bon souffrir, à quoi bon ressentir chaque contraction si, à la fin, il n'y avait pas de vie ? Mais non, il fallait que mon corps aille jusqu'au bout, comme toutes les autres mamans. Comme si mon bébé allait naître pour la vie, alors qu'il n'y aurait que la mort. Pourtant, à ce moment-là, je n'étais pas triste. J'étais dans un état second, comme coupée de la réalité. J'étais une femme en train d'accoucher, et c'est sûrement le seul point commun que je n'aurai jamais avec celles que j'appelle, avec une pointe d'amertume et de jalousie, les "vraies mamans". Celles qui repartent avec leur bébé dans les bras. Moi aussi, je pouvais raconter mon accouchement. Moi aussi, je pouvais dire que j'avais eu mal, que j'avais tenu bon. C'était la seule chose qu'on ne pourrait pas me voler : ce moment où j'étais comme elles, où mon corps accomplissait ce qu'il devait faire. J'ai voulu que ça dure longtemps. Parce que je savais qu'une fois mon ventre vide, il ne me resterait plus rien. Mon corps ne porterait plus Louise. Je ne la sentirais plus en moi. Il n'y aurait plus de mouvements, plus d'attente, plus de promesses. Seulement ce vide immense et définitif. Je n'ai pas eu le pouvoir de ralentir les choses mais le destin a semblé suspendre le temps. Comme s'il m'avait accordé ces dernières heures précieuses avec elle, ces ultimes instants où je portais encore mon bébé, où je me sentais entière, sa maman. Mais l'accouchement a fini par arriver, et avec lui, le dernier lien physique entre Louise et moi s'est rompu.

Aujourd'hui, avec du recul, je comprends pourquoi on m'a fait accoucher par voie basse. Sur le moment, je pensais qu'on m'infligeait une douleur supplémentaire, qu'on voulait me faire traverser un supplice inutile. Maintenant, je sais que c'était pour ne pas fragiliser mon utérus, pour me laisser une chance de porter un jour un autre enfant. Mais surtout, c'était pour m'aider à réaliser, pour que mon corps et mon esprit prennent conscience de ce qui venait de se passer. Il fallait que je traverse cette épreuve, que je ressente chaque instant, chaque contraction, chaque effort, pour que l'absence de Louise ne soit pas qu'un cauchemar irréel. Si on me l'avait simplement enlevée sous anesthésie, peut-être que j'aurais nié, peut-être que j'aurais cru que tout ça n'était pas arrivé. Cet accouchement, aussi cruel soit-il, m'a forcée à affronter la réalité. Il m'a obligée à dire au revoir, à comprendre que Louise était bien là, et que maintenant, elle n'était plus. C'est une douleur que je n'oublierai jamais, mais c'est aussi la seule chose qu'il me reste d'elle. Ce moment où nous étions encore ensemble, où mon corps lui donnait tout ce qu'il était en mesure d'offrir.

La seule image d'elle qui me restera sera celle de son petit corps inanimé, reposant dans son lit et entre mes bras, sa chair délicate légèrement tuméfiée, sa peau déjà parée d'un voile violacé. Mais elle était si belle. Mon bébé parfait, mon amour immense, mon chagrin sans fin.

Ce 31 décembre 2023, tout a changé. Je n'ai pas seulement perdu ma fille. J'ai perdu le contrôle sur ma vie. Je suis devenue une mère sans enfant.

Chapitre 3

Survivre à l'absence

On ne sait jamais comment on va survivre à la mort de son enfant. On ne sait pas ce que ça signifie, ni ce que ça va impliquer. On croit qu'on va mourir aussi, que c'est impossible de continuer, qu'on n'aura plus jamais la force d'avancer. Et pourtant, l'année qui a suivi la mort de Louise, j'ai continué à respirer. Pas parce que je le voulais, mais parce que la vie m'a forcée à rester debout, même quand je n'en voyais plus le sens.

Cette première année sans elle a été une succession de jours sans couleur, de nuits trop longues, de dates qui résonnaient comme des coups de poignard. Une année où tout nous renvoyait cruellement à son absence. La maison, qui devait être notre cocon, était devenue ma prison. Le silence y était oppressant. La chambre que nous avions préparée avec tant d'amour était là, figée dans le temps. Je me tenais souvent devant cette porte, incapable d'y entrer. Parce qu'ouvrir cette porte, c'était comme effacer l'espoir que j'avais eu de la voir dormir dans son lit, d'entendre ses premiers rires. Alors, je restais là, à regarder cette pièce remplie d'objets qui n'auraient jamais d'utilité. Parfois, je me surprenais à prendre l'un de ses vêtements et à le serrer fort contre moi. Je cherchais son odeur, même si elle ne l'avait jamais porté. Je voulais combler ce vide que rien ne semblait pouvoir remplir.

Le deuil a eu cette étrange manière de m'enfermer dans une bulle. Une bulle de douleur, de solitude et d'incompréhension. Et dans cette immobilité forcée, une chose était devenue évidente : personne ne pouvait vraiment comprendre ce que je traversais. Bien sûr, mes proches étaient là. Ils m'aimaient, je le savais. Ils posaient des questions, prenaient des nouvelles, venaient nous voir. Certains me regardaient avec des yeux pleins de tristesse et de maladresse, d'autres évitaient carrément le sujet. Mais au fond, personne n'a mesuré l'ampleur du vide. Parce que perdre son enfant, c'est perdre une partie de soi. C'est porter un amour immense qui n'a plus de corps à serrer, plus de futur pour s'épanouir. C'est vivre chaque jour avec l'absence, comme une brûlure qui ne cicatrise jamais.

J'avais besoin de parler de Louise. De dire son prénom. De raconter ces quelques instants que j'avais eus avec elle. Parce que parler d'elle, c'était la faire exister. Parce que si j'arrêtais d'en parler, j'avais peur que le monde l'oublie.

Mais très vite, j'ai compris que cela dérangeait. Beaucoup de visages se sont figés. Les regards se baissaient. Les gens changeaient de sujet. J'entendais même parfois des phrases comme : « Il faut penser à autre chose maintenant. » Alors, je me taisais. Je gardais Louise pour moi, mais ce silence était lourd.

Mais il y avait une autre douleur, encore plus sourde, encore plus violente : celle du bonheur des autres. La jalousie m'avait rongée. Pas parce que je ne voulais pas qu'ils soient heureux. Mais parce que leur bonheur me renvoyait en plein cœur ce que j'avais perdu. Chaque enfant que je croisais, c'était Louise que je revoyais. Je l'imaginais, elle, à leur place. Je projetais ce qu'aurait été notre vie si elle avait vécu. Je me demandais si elle aurait eu les mêmes boucles, le même sourire. Chaque passage de vie m'arrachait un morceau du cœur, parce que c'étaient des projets que j'avais pour elle, et ces projets, je ne les vivrais jamais.

Puis, il y a eu ces annonces qui arrivaient comme des gifles : « Je suis enceinte ! » – « C'est une fille ! » ... Je souriais. Mais à l'intérieur, je me brisais. Parce qu'au fond, ce que je ressentais, c'était : et moi ? Pourquoi, moi, je n'ai pas eu droit à ça ? Pourquoi mon bébé n'est-il pas là ? Je culpabilisais d'envier ce bonheur, mais c'était plus fort que moi. Je ne pouvais pas m'empêcher de me dire que, moi aussi, j'aurais dû vivre ces moments de joie, qu'on ne méritait pas cela avec Carl. Moi aussi, j'ai eu envie de dire : « Elle est née et tout s'est bien passé. » Mais je n'ai rien eu de tout ça, nous n'avons rien eu ! À la place, j'ai eu des larmes, j'ai eu le silence, j'ai eu le regard triste de Carl, j'ai eu un cercueil trop petit, j'ai eu un enterrement...

Alors, je me suis cachée derrière une carapace. Je ne voulais pas être faible. Je souriais, je disais que ça allait mieux. Je me levais chaque matin, j'allais faire mes courses, je retournais au travail, je reprenais ma vie d'avant... enfin, en apparence. Parce que je ne voulais pas être celle qui faisait de la peine. Parce que je voulais protéger ceux que j'aimais, leur épargner ce que je ressentais vraiment. Parce que j'avais envie d'être forte, de leur montrer que je tenais bon.

Mais tout ça n'était qu'une illusion. À l'intérieur, j'étais en miettes. Je portais ce chagrin immense que personne ne voyait. Je faisais semblant, mais certains jours, la douleur était si forte que j'avais envie d'arrêter. Certains jours, je me demandais si je n'irais pas mieux là-haut, avec elle. Si, en partant, je pourrais enfin la serrer contre moi, entendre son cœur battre.

Et pourtant… je continuais. Parce que je n'étais pas seule. Parce qu'il y avait lui, mes parents, ma famille, ceux qui m'aimaient. Parce qu'ils avaient peur pour moi, pour nous. Parce qu'ils auraient été détruits s'ils m'avaient perdue aussi. Je tenais pour eux, parfois plus que pour moi. Je me raccrochais à ces mains tendues, même maladroites. Je me disais que Louise voudrait que je vive, même si, parfois, c'était dur.

Un jour, je me souviens m'être demandé : et si Louise n'était plus nulle part, comment survivre à ça ? Je voulais croire qu'elle était là. Je voulais croire qu'elle me voyait. Je voulais croire aux signes. Je voulais croire que, quand je fermais les yeux, elle me frôlait, quelque part. Je voulais croire que, quand je regardais le ciel, je me disais que c'était peut-être elle, cette étoile qui brillait plus fort. Je n'avais pas de preuve, mais j'avais besoin d'y croire, parce que l'idée qu'elle ait disparu à jamais m'était insupportable, et que l'amour que j'avais pour elle était là, lui, bien vivant.

Aujourd'hui, je vais un peu mieux. La douleur est toujours là, quelque part, mais elle ne m'écrase plus à chaque seconde. Il y a des jours plus doux, où je respire, où je souris, où je me dis que j'avance. Et puis, il y a encore ces moments sombres. Ces nuits où l'absence de Louise m'étouffe. Ces journées où tout me ramène à ce que j'ai perdu. Ces annonces de naissances, ces ventres arrondis, ces poussettes, ces rires d'enfants, qui me renvoient au manque et ravivent cette blessure qui ne guérit pas et qui ne guérira jamais. Mais je ne suis pas seule. Carl est là. Il est mon soutien quand je vais mal. Il est là, même quand je le repousse, même quand je ne trouve plus les mots. Il m'aime avec mes cicatrices, et son amour est ce qui me permet, certains jours, de tenir debout. Pourtant, c'est dur. C'est dur de ne pas retomber enceinte. De ne pas avoir ce droit au bonheur que j'attends, que j'espère tant. C'est dur de voir les mois défiler, de voir mon ventre rester vide, alors que mon cœur, lui, déborde d'amour pour un bébé qui n'arrive pas. C'est un long combat. Un combat contre moi-même aussi. Contre cette culpabilité qui me murmure que je n'ai pas su protéger Louise. Contre cette peur que je ne connaisse jamais ce bonheur, celui d'entendre les premiers cris de mon enfant, de le voir grandir. Contre ce doute qui me ronge : et si je n'étais pas faite pour être maman ? Je vacille souvent. Mais je m'accroche. Parce que Louise est là, dans mon cœur, dans mes pensées. Parce que Carl est là, à mes côtés. Parce que j'ai encore cet espoir, fragile mais vivant, que la vie m'offrira un jour ce bonheur que j'attends. Je me bats. Et je continue d'avancer. Même si parfois je me sens seule, même si j'ai envie de rester seule, j'ai compris qu'il y a des moments où il faut peut-être accepter l'aide des autres. Il ne faut pas retenir ses larmes lorsqu'elles doivent couler ; savoir lâcher prise est essentiel. Souffrir en restant seule dans son coin, ce n'est pas être forte. La vraie force, c'est aussi de savoir dire « Je n'y arrive pas », « J'ai besoin d'aide ». J'apprends que demander de l'aide n'est pas un échec. C'est une main tendue vers la vie. J'essaie aussi, jour après jour, de saisir les petits bonheurs là où ils sont, même infimes. Un rayon de soleil sur mon visage, un sourire échangé, une chanson qui me fait du bien, un câlin de Carl, une promenade avec mes chiens, un moment avec ma famille ou mes amis. Ce sont des choses simples, mais ce sont elles qui me raccrochent à la vie. Parce qu'au fond, c'est ça, vivre. Ce n'est pas oublier. Ce n'est pas effacer la douleur. C'est avancer avec elle, tout en s'autorisant, malgré tout, à ressentir un peu de douceur.

À aimer encore.

À espérer toujours.

Et surtout, à vivre.

Chapitre 4

Le poids de la culpabilité

Depuis plus d'un an, une pensée sourde et douloureuse me ronge, installée dans un coin de mon cœur. Une pensée que je n'ose pas toujours dire à voix haute : j'ai ce sentiment d'avoir tué ma fille. Évidemment, ce n'est pas ce que pense Carl. Ce n'est pas ce que pensent mes proches. Ce n'est pas ce que les médecins m'ont dit. Mais moi, dans le silence qu'elle a laissé derrière elle, c'est ce que je ressens. Je sais que ça peut paraître brutal, injuste et irrationnel.

Mais quand on perd son enfant sans pouvoir

l'empêcher, sans pouvoir revenir en arrière, je crois que le cœur cherche un responsable. Et bien souvent, ce responsable, c'est soi-même.

Pendant ma grossesse, j'ai fait du diabète gestationnel. Je savais qu'il fallait faire attention, surveiller. Et je l'ai fait. Pendant des mois, j'ai été vigilante et disciplinée. Mais à la fin... j'étais fatiguée. J'ai relâché un peu. Naïvement, j'ai cru que tout irait bien. Nous étions à quelques jours du terme. Il n'y avait aucune alerte, aucun signe. Les dernières échographies étaient rassurantes. Louise grandissait bien. Nous étions en bonne santé, elle et moi. Et pourtant... Louise est morte.

Depuis, ces questions me hantent : Et si j'avais fait plus attention ? Et si j'avais été plus stricte et plus vigilante ? Est-ce qu'elle serait là, aujourd'hui, dans nos bras ? Mais les résultats ont parlé. Louise allait bien. Elle était parfaitement formée, sans malformation.

C'est son placenta qui n'a pas tenu. Il présentait des lésions, une mauvaise vascularisation — probablement favorisée par le diabète. 30 % de ses échanges vitaux étaient compromis. Et il y avait ce double tour de cordon. Silencieux. Invisible. Imprévisible. Mais tant de bébés naissent avec un cordon autour du cou. Et tant de femmes vivent un diabète gestationnel sans complication. Certaines suivent le régime à la lettre. D'autres non. Et tout se passe bien. Parce que parfois... c'est une question de chance. Et pour nous, la chance n'a pas été là.

Mais malgré tout cela... comment ne pas culpabiliser ? Comment ne pas penser que si j'avais fait autrement, si j'avais fait mieux... elle serait là, avec nous ? Peut-être que s'en vouloir, c'est une manière d'exister encore dans cette histoire. Une tentative désespérée de donner un sens à l'insensé. Transformer ce chaos en quelque chose de "logique", même si cette logique est cruelle. Je crois que, malgré moi, je cherche un responsable. Bien trop souvent, c'est vers moi que je me tourne. Pas parce qu'on me l'impose. Mais parce que je crois, au fond de moi, que je le mérite. Comme si souffrir allait réparer quelque chose. Comme si me faire du mal allait me ramener Louise. Malheureusement, ça ne marche pas comme ça.

Alors j'essaie, chaque jour, de me répéter ceci : Ce n'est pas parce que j'ai relâché un peu que j'ai cessé de l'aimer. Ce n'est pas parce que j'étais fatiguée que j'ai été négligente. C'est simplement que je suis humaine, et que parfois, on ne contrôle pas tout. Il est peut-être maintenant temps de l'écrire noir sur blanc. Pour commencer à m'en libérer. Pour dire à d'autres mères, qui comme moi portent cette culpabilité, que ce chemin-là n'est qu'une impasse. Et que surtout... ce n'est pas de leur faute.

Ce n'est pas moi qui ai tué ma fille. Ce sont des circonstances injustes. Des facteurs invisibles qui se sont assemblés pour créer cette tragédie. Moi, j'ai fait ce que j'ai pu. Avec mon corps, mon cœur, ma fatigue, ma confiance... et mon amour pour elle. J'espère que Louise ne m'en veut pas. Et si elle ne m'en veut pas... alors peut-être, doucement, je peux apprendre à ne plus m'en vouloir moi non plus.

J'aimerais aussi dire à la maman que j'ai été, et à celle que je suis aujourd'hui — celle qui a perdu sa fille pour toujours : « Parfois, la vie nous frappe et nous fait tellement de mal... même quand on fait de son mieux. Je veux que tu saches que tu restes une superbe maman, malgré tout. Tu l'as été du début à la fin. Et tu continues de l'être, dans cette façon que tu as de faire vivre son nom, de penser à elle, de l'aimer encore et toujours... entre tes bras et les étoiles. »

Chapitre 5

L'écriture, ma thérapie

Je n'aurais jamais imaginé que l'écriture deviendrait une thérapie. Que les mots m'offriraient un refuge où je pourrais déposer ma douleur, mes larmes, mes colères, mes espoirs. Après la mort de Louise, j'ai essayé d'autres chemins pour aller mieux. J'ai voulu me faire aider. J'ai rencontré des spécialistes, des psychologues, des personnes formées pour accompagner le deuil. J'ai fait des thérapies avec d'autres mamans endeuillées. On m'a parlé de sophrologie, d'hypnose, de techniques pour apaiser mon esprit, calmer mes angoisses, relâcher la pression. Mais en réalité, et avec du recul, rien n'a vraiment fonctionné. Je restais là, assise face à ces personnes qui voulaient m'aider, et pourtant je me sentais toujours aussi vide, toujours aussi seule. Les mots qu'on me renvoyait ne résonnaient pas en moi. J'avais l'impression qu'on voulait m'apprendre à maîtriser ma douleur, alors que moi, je voulais juste la faire disparaitre.

Alors, j'ai décidé d'écrire. Au début, c'était instinctif, presque brutal. Des phrases jetées sur le papier, des mots parfois incohérents. Je n'écrivais pas pour faire beau, ni pour être lue. J'écrivais parce que je n'arrivais pas à dire tout ça à voix haute. Parce que parler était trop difficile. Parce que dire « Louise est morte » me déchirait. Les mots refusaient de sortir, et quand ils le faisaient, c'était dans les larmes, dans les sanglots, dans une voix brisée que personne ne semblait vraiment entendre. Sur le papier, je pouvais écrire son prénom, encore et encore. Louise. Louise. Louise. Comme si l'écrire m'empêchait de la perdre. Comme si poser son nom sur une feuille la faisait exister ailleurs que dans mon ventre vide et mes bras vides. Je crois qu'inconsciemment, j'espérais aussi que mes proches liraient ces mots, qu'ils comprendraient ce que je ressentais. Parce que, même si ma famille m'entourait, même si mes amis étaient là, je me sentais souvent seule avec mon chagrin.

Le deuil périnatal est particulier. Il est invisible aux yeux des autres. Personne n'a vraiment connu Louise. Il n'y a pas de souvenirs partagés. Juste moi, Carl, et cette absence. Alors, parfois, j'avais l'impression que les autres oubliaient. Pas par méchanceté, mais parce que pour eux, elle n'est qu'un prénom, une histoire triste. Pour moi, elle est ma fille. J'espérais qu'en lisant ce que j'écrivais, ils réaliseraient que mon cœur était en miettes. Que je souffrais chaque jour, même si je souriais devant eux. Que j'avais besoin qu'on parle d'elle, qu'on me demande comment j'allais, sans détourner le regard.

Aujourd'hui, l'écriture est toujours là, mais elle a évolué. Je n'écris plus pour que les autres comprennent. J'écris pour moi. Parce que ça me fait du bien. Parce que c'est le seul endroit où je peux tout dire, sans filtre, sans avoir peur de déranger, sans me demander si mes mots seront de trop. Parce que sur le papier, je n'ai pas à faire semblant d'aller bien. Je peux être en colère, je peux crier mon manque, je peux pleurer mon amour, je peux dire à Louise que je l'aime mille fois si je veux. L'écriture m'apaise, parce qu'elle m'autorise à être cette maman qui a perdu son enfant, sans jugement, sans gêne. Et surtout, quand j'écris, j'ai l'impression que Louise est là, tout près. Il y a comme un souffle, une présence douce. Comme si, à travers mes mots, elle revenait un instant. Comme si elle lisait, elle aussi, ce que je lui confie. Quand je pose son prénom sur le papier, c'est comme si je l'appelais. Comme si, quelque part, elle me répondait. C'est peut-être dans ma tête. Peut-être que c'est juste ce que j'ai besoin de croire. Mais je m'en fiche. Parce que dans ces moments-là, je me sens maman. Je me sens avec elle. Et ce sont ces instants, aussi éphémères soient-ils, qui me permettent de respirer. D'aimer encore. De continuer. Écrire, c'est ma façon de lui dire : « Tu es là, Louise. Tu comptes. Je ne t'oublierai jamais. » C'est ma façon de la garder vivante, même si c'est autrement. C'est ma façon d'être sa maman, encore et toujours.

J'écris aussi parce que j'ai besoin de raconter mon combat. Le combat pour survivre après la perte d'un enfant. Le combat pour redevenir maman, malgré l'attente, malgré l'échec, malgré les doutes.

J'écris parce que j'ai besoin que tout ça ait un sens. J'écris aussi pour casser le silence autour du deuil périnatal. Parce qu'aucun parent ne devrait se sentir seul dans ce drame. Parce que le regard des autres doit changer. Parce que les professionnels de santé devraient être mieux formés à accueillir cette douleur, à entendre la détresse des mères et des pères qui repartent de la maternité avec les bras vides.

Si ce livre est publié un jour, j'espère qu'il pourra redonner de l'espoir à d'autres. Je ne me considère pas comme un modèle, je ne suis pas un exemple de force ou de courage. Je suis juste une maman qui a perdu son bébé et qui essaie d'avancer, comme elle peut, avec ses failles, ses larmes et ses jours meilleurs. Mais si mes mots peuvent, ne serait-ce qu'une fois, faire sentir à une autre maman endeuillée qu'elle n'est pas seule, alors ce livre aura eu une raison d'exister.

Parce que le deuil périnatal est encore tabou et que personne n'en parle vraiment. Parce que, quand on est plongé dedans, on se sent isolé, incompris. C'est un deuil particulier, parce que l'on porte l'amour d'un enfant que l'on n'a pas eu le temps de voir grandir, de découvrir et surtout une vie que l'on rêvait de vivre et que l'on ne vivra jamais.

Alors, oui, j'écris.

Pour moi. Pour Louise.

Mais aussi pour celles et ceux qui souffrent en silence.

Chapitre 6

Ces jours où elle manque plus encore

Le temps passe. Sans elle. On dit souvent que le temps apaise, qu'il aide à cicatriser. Alors oui, c'est vrai, mais le temps ne guérit jamais les blessures. Il nous apprend juste à porter différemment ce qui nous fait souffrir. Au début, chaque jour qui s'écoulait me faisait peur. J'avais l'impression que le temps m'éloignait de Louise, qu'il me volait mes souvenirs, qu'il creusait encore plus le vide. Je ne voulais pas avancer. Je voulais rester figée, là où elle était encore un peu avec moi, dans mon ventre et dans mes bras. Je craignais qu'avec le temps, les autres l'oublient.

La première fête des mères est arrivée quelques mois après sa mort. Je la redoutais. Pourtant, ce jour-là, nous n'avons rien fait. Avec Carl, on l'a presque oubliée. Ou plutôt, on a fait semblant de l'oublier. Parce que c'était trop douloureux de la regarder en face, cette fête qui me rappelait ce que j'aurais dû vivre et que la vie m'a arraché. Je n'ai rien eu, et surtout, je n'ai pas eu ma fille. Pourtant, je suis une maman. Je l'étais ce jour-là, et je le suis encore aujourd'hui. Mais à cet instant, je n'avais rien pour le prouver. Pas de câlin maladroit, pas de bisou collant d'une petite bouche un peu baveuse. Je n'avais que mes bras désespérément légers. Ce jour-là, je me suis demandé : que reste-t-il pour nous, les mamans sans enfant ? Pour celles qui n'ont rien à fêter, mais qui sont des mères malgré tout ? Il n'y a rien pour nous. Pas de place dans cette fête. Nous sommes invisibles. Personne n'y pense.

Un peu comme la fête des pères. Je voyais bien que Carl y pensait, qu'il portait ce manque, lui aussi. Mais il est comme ça, il encaisse en silence. Je n'ai rien su faire, rien su dire. Je crois qu'on a fui, tous les deux. C'était plus simple que d'affronter cette absence qui nous déchirait. Parce que lui aussi est papa. Mais il n'a jamais entendu sa fille l'appeler ainsi. Je sais qu'il y pense, même s'il le cache.

Ces dates-là sont les premières, mais elles ont été suivies par tant d'autres. Mon anniversaire a été douloureux, et je savais qu'il le serait. C'était pourtant un jour, avant, que j'adorais. Mais cette fois, je n'arrivais pas à me réjouir. J'avais l'impression que fêter ce jour, c'était m'éloigner encore un peu plus de Louise. Et surtout, c'était une nouvelle année qui me rapprochait de la quarantaine. Je n'arrêtais pas de penser à cette fameuse horloge biologique dont tout le monde parle. Je sais que plus les années passent, plus mes chances d'avoir un autre enfant diminuent. Et ça, ça m'a brisé le cœur. Parce que perdre Louise, c'était déjà insupportable. Mais imaginer la difficulté à retomber enceinte, c'était encore une autre douleur. Une angoisse sourde qui est venue se greffer à tout le reste.

Parmi les moments les plus éprouvants, il y a les fêtes en famille. Comme Pâques, elles ravivent le manque, le vide, encore plus fort que les autres jours. Voir tous ces enfants, c'est beau... mais c'est aussi cruellement douloureux quand ton enfant à toi n'est pas là. Aujourd'hui, je ne vois plus seulement une fête. Je vois tous ces enfants. Ceux qui courent dans le jardin, le sourire aux lèvres, à la recherche de leurs œufs en chocolat. Ceux qui rient, qui s'émerveillent, qui savourent ce moment simple et joyeux.

Moi aussi, j'aurais dû être là. Avec Louise dans mes bras. L'aider à chercher ses œufs dans l'herbe. M'émerveiller de ses gestes, de ses rires, de son premier chocolat fondu au coin des lèvres.

Mais je suis restée spectatrice. Spectatrice de ce que je ne vivrai jamais avec elle. À regarder les autres vivre ce que mon cœur attendait depuis toujours.

Et puis, il a aussi fallu ranger ses affaires. Vider sa chambre. Plier ses petits vêtements. Décrocher le mobile. Tout mettre dans des boîtes que je garde précieusement. Comme si je mettais mon cœur en morceaux dans ces cartons. Je les ai rangés, mais je les ouvre de temps en temps. Je regarde ses petits habits, je touche ses doudous. Et je me demande : et si c'est un garçon, plus tard ? Que ferai-je de tout ça ? Je ne pourrai jamais m'en séparer. Parce que ce sont les seules choses que j'ai d'elle. J'ai voulu croire que ranger m'aiderait à avancer. Mais non. Ces affaires sont toujours là, comme elle est toujours là. Je me suis rendu compte que je n'ai pas besoin de les voir pour penser à elle. Parce qu'elle est partout.

J'ai voulu lui faire une place chez nous. Même si elle n'est pas là physiquement, elle est là dans chaque recoin. Il y a ce petit coin à elle, avec ses boîtes de souvenirs, que je me permets de regarder quand l'envie me prend. Et surtout, il y a ses photos. J'en ai une que je garde avec moi, que je regarde souvent. Son visage, je le connais par cœur. Et pourtant, j'ai besoin de le revoir. C'est le paradoxe de ce deuil : j'ai peur d'oublier, alors je la fixe encore et encore, comme pour graver ses traits à jamais.

Je crois aussi aux signes. Quand je marche dans la rue et que j'entends quelqu'un appeler « Louise », mon cœur s'arrête une seconde. C'est un prénom courant, je le sais. Mais moi, j'y vois un message. Je me dis que c'est elle. Qu'elle me fait signe, qu'elle me dit : « Je suis là, maman. » Je ne sais pas si c'est vrai, si c'est mon esprit qui fabrique ça parce que j'en ai besoin. Mais peu importe. Moi, ça me fait du bien.

Après cela, il y a eu Noël. Ce premier Noël sans elle. Celui où, un an auparavant, elle bougeait dans mon ventre. Celui que j'imaginais autrement. J'aurais dû lui mettre une jolie robe, la prendre en photo avec tous ses cousins et cousines, la voir attraper les boules du sapin avec curiosité. Mais il n'y avait rien de tout cela. Il y avait les autres enfants, ceux de la famille, mes neveux et nièces, leurs rires, leur excitation, leurs petits cris en ouvrant leurs cadeaux. Et moi, j'étais là, bloquée par la douleur et le manque. J'essayais de faire bonne figure, mais à l'intérieur, c'était insoutenable. Parce que Louise n'était pas là, et qu'elle n'aurait jamais son premier Noël, ni les suivants d'ailleurs.

Et comme si cela ne suffisait pas, l'annonce de la grossesse du frère de Carl et de ma belle-sœur est venue achever ce Noël à coups de massue. On le savait avant. Ils avaient pris soin de nous prévenir quelques jours plus tôt, parce qu'ils ne voulaient pas nous faire de mal en l'annonçant devant tout le monde ce jour-là. Ils avaient été délicats, attentionnés. Mais peu importe la manière, la douleur est la même.

Eux attendaient un bébé. Elle était enceinte, alors que moi, je n'avais rien d'autre que sa mort. Ce contraste m'a détruite.

Ça a été le pire Noël de toute ma vie, parce que j'ai été rongée par la jalousie, une jalousie violente, que je détestais ressentir, mais qui était là, incontrôlable. J'étais jalouse de leur bonheur, jalouse de leur avenir, jalouse de ce que moi, je n'aurai jamais avec Louise. Ce Noël qui aurait dû être un moment de joie en famille s'est transformé en un supplice silencieux. Je souriais, mais j'étais en miettes. Je souffrais tellement que je n'attendais qu'une chose : en finir avec cette journée et laisser cette fête tant redoutée derrière moi.

Je sais que ce ne sera pas le dernier Noël sans elle. Il y en aura d'autres, chaque année, et son absence se fera toujours ressentir. Mais j'espère, du fond du cœur, que l'année prochaine, j'aurai, moi aussi, le droit de connaître à nouveau ce bonheur. J'espère qu'à mon tour, je serai enceinte, ou que j'aurai mon bébé dans les bras. J'espère que, ce jour-là, mon cœur sera un peu plus léger.

Puis est venu le 31 décembre. Cette date que tout le monde attend avec impatience, ce soir où l'on trinque, où l'on rit, où l'on célèbre la nouvelle année. Mais pour nous, ce sera toujours la date de sa naissance. La date de sa mort. Ce soir qui devait être une fête est devenu un supplice. Ce jour-là, moi, je n'ai pensé qu'à elle. J'ai repensé à cette nuit-là, où tout a basculé. J'ai revu chaque minute. Pour les autres, c'est un soir de fête. Pour moi, ce sera toujours le jour où j'ai dit au revoir à ma fille.

Le temps passe. Il n'efface rien. Il me rappelle chaque jour qu'elle a existé. Je n'ai plus peur que le temps l'emporte. Parce que Louise est là. Dans chaque fête manquée, dans chaque rire d'enfant, dans chaque boîte que j'ouvre, dans chaque prénom que j'entends.
Elle est là. Et elle le sera toujours.

Chapitre 7

Chercher une raison à cette injustice

Pourquoi Louise ? Pourquoi nous ? Ces questions m'obsèdent depuis ce 28 décembre. Elles reviennent sans cesse, elles tournent en boucle dans ma tête, sans jamais trouver de réponse. Je crois que ce sont les premières phrases que j'ai prononcées après sa mort. Et ce sont encore celles que je n'arrête pas de me répéter à moi-même chaque jour.

Au début, c'était devenu une obsession. J'avais besoin de comprendre. Comme si, en trouvant une explication, la douleur serait plus supportable. Comme si le fait de savoir « pourquoi » pouvait apaiser mon chagrin. On nous a donné une explication, pourtant. Les médecins nous ont parlé d'un mauvais fonctionnement du placenta. Mais comment ce putain de placenta peut s'arrêter de fonctionner au bout de 9 mois, comme ça, d'un coup, sans prévenir ? Comment est-ce possible ? C'est comme si mon corps m'avait trahie. Bref, cette explication, censée m'éclairer, ne m'a pas soulagée. Au contraire. Louise est morte non pas parce qu'elle avait une maladie génétique ou autre, elle est morte parce que ce placenta n'a pas fait son boulot. Cette explication m'a laissée encore plus perplexe. Parce qu'au fond, je ne voulais pas simplement une explication médicale. Je voulais une raison. Une vraie. Quelque chose qui m'aurait permis d'accepter. Mais ce que j'attendais n'est jamais venu. Il n'y avait pas de « pourquoi » qui aurait pu justifier qu'on m'arrache ma fille aussi brutalement. C'est ça, l'injustice ! Elle est brute et violente, ne s'explique pas, frappe sans prévenir, brise tout sans logique. Et on reste là, à ramasser les morceaux, sans comprendre.

Je regarde souvent autour de moi et je me compare à toutes ces mamans heureuses avec leurs enfants. Et moi, je n'ai rien, juste son souvenir. Pourquoi moi, et pas elles ? Pourquoi ces femmes ont-elles eu le droit de donner la vie, alors que moi, j'ai donné seulement la mort ? Je sais que ce n'est pas bien de penser comme ça. Je ne leur souhaite pas de mal. Mais c'est plus fort que moi. C'est la douleur qui parle. La jalousie d'une mère privée de son enfant. J'ai même parfois eu honte de mes pensées.

J'essaie parfois de me convaincre que Louise est partie pour une raison. Qu'elle avait peut-être une mission. Qu'elle était trop pure pour ce monde. Que son passage, même bref, devait m'apprendre quelque chose. Parfois, je me dis qu'elle est devenue une étoile, qu'elle veille sur nous, qu'elle est là d'une autre manière. Je veux y croire. Ça m'aide. Ça me rassure. Parce que l'idée qu'elle soit simplement « partie », sans rien, sans but, est insupportable.

Il y a aussi des jours où je me dis que c'est juste le hasard. Une injustice pure, cruelle. Que la vie est parfois absurde, et qu'il n'y a rien à comprendre. Ce sont les jours où je suis en colère. Ces jours où je me dis : « Non, ce n'est pas un signe. Ce n'est pas une étoile. C'est juste la vie qui a été injuste. Point. » Et cette pensée-là, elle est encore plus violente. Parce qu'elle me laisse seule, face au vide.

Alors, je navigue entre ces deux mondes. Entre l'espoir qu'elle soit là, quelque part, et la peur qu'il n'y ait rien. Entre le besoin de croire que son départ avait un sens, et l'acceptation que, peut-être, il n'y en ait pas.

Aujourd'hui, je n'ai toujours pas trouvé de réponse. Et peut-être que je n'en trouverai jamais. Peut-être que c'est ça, le plus dur à accepter : qu'il n'y aura jamais de « pourquoi » qui me satisfera pleinement.

Mais j'ai compris une chose. C'est que, même sans réponse, il me reste quelque chose : l'amour. C'est le seul sens que je trouve, le seul qui me tient debout. L'amour que je lui porte, l'amour que j'ai ressenti quand je l'ai tenue dans mes bras, l'amour qui ne s'est jamais arrêté, même après sa mort. Cet amour-là, personne ne peut me l'enlever. Il est là, chaque jour. Il me fait vivre. Il me fait avancer.

Louise est partie, mais mon amour pour elle est vivant. C'est lui qui la fait exister. C'est lui qui fait qu'elle est encore là, dans mes mots, dans mes pensées, dans mon cœur.

Alors, peut-être que c'est ça, finalement, le seul sens véritable. L'amour qui reste, même quand tout le reste a disparu.

Chapitre 8

Notre couple dans l'épreuve

Quand on perd son bébé, on se perd un peu soi-même. Mais, parfois, on se perd aussi l'un l'autre.

Avec Carl, nous avons tout traversé ensemble. Il a été là pendant ma grossesse, présent, attentionné, à l'écoute. Il m'a portée dans mes doutes, il m'a rassurée dans mes peurs. Il était là aussi, cette nuit du 28 et du 31 décembre 2023, dans cette salle d'accouchement où tout a basculé. Il a tenu ma main quand le pire est arrivé. Il a posé son regard sur Louise, avec autant d'amour que de chagrin. Ce jour-là, j'ai vu l'homme que j'aime devenir père. Ce jour-là, nous sommes devenus parents, même si nous sommes repartis sans notre fille.

Après la perte de Louise, il a été mon pilier. Il a porté notre douleur quand je n'en pouvais plus. Il m'a vue m'effondrer, il m'a relevée, il a supporté mes colères, mes silences, mes larmes qui semblaient ne jamais vouloir s'arrêter. Il n'a jamais fui. Il était là, même quand je ne savais plus comment exister.

Mais, même avec tout l'amour du monde, on ne traverse pas une telle épreuve sans difficultés.

Il y a eu des incompréhensions, des tensions. Parce que nous n'avons pas vécu notre deuil de la même manière. Moi, j'avais besoin de parler de Louise, de la faire exister chaque jour, de l'évoquer sans cesse. Lui, parfois, se murait dans le silence. Non pas parce qu'il voulait oublier, mais parce que c'était sa façon d'avancer. J'ai compris, au fil du temps, que parler de Louise le rendait profondément triste. Peut-être même coupable. Il porte son chagrin autrement que moi. Et parfois, ça me fait mal. Parce que j'ai l'impression que si je parle d'elle, je le fais souffrir. Et moi, je ne veux pas qu'il souffre. Je veux qu'il trouve de l'apaisement. Mais en même temps, j'ai besoin de dire son prénom.

Alors, on s'affronte. Il y a eu des jours où nous étions côte à côte, mais où je me sentais seule. Parce que je voulais qu'il devine mes pensées, qu'il ressente ce vide exactement comme moi. Mais il n'est pas moi. Il est Carl. Il est son père, pas sa mère. Et sa douleur à lui, elle n'a pas la même forme que la mienne.

Je le sais. Mais parfois, je suis dure avec lui. Injuste même. Il est celui que j'aime le plus au monde, mais c'est aussi sur lui que retombe ma colère, ma fatigue, mon impuissance. Je dis des mots blessants. Je lui reproche des choses qu'il ne peut pas changer. Il m'arrive d'être méchante, alors qu'il est celui qui m'a toujours soutenue. Je m'en veux, mais sur le moment, l'impulsion l'emporte. C'est comme si je voulais qu'il ressente aussi fort que moi, qu'il soit dans le même gouffre, alors que lui essaie, tant bien que mal, de rester debout pour nous deux.

La perte de Louise a fragilisé notre couple. Mais, honnêtement, comment pourrait-il en être autrement ? Quel couple pourrait sortir indemne d'un tel tsunami ? Nous avons vacillé. Nous avons douté. Nous avons eu peur, l'un pour l'autre, mais aussi l'un de l'autre.

Et pourtant, on est restés.

Parce qu'il y a l'amour.

Cet amour qui existait avant Louise, qui a grandi avec elle, et qui a résisté à son absence. Parce qu'au-delà des disputes, des larmes, il y a nous. Parce qu'on a toujours voulu s'en sortir ensemble.

Aujourd'hui encore, l'épreuve n'est pas finie. Nous voulons agrandir notre famille. Nous voulons un autre enfant. Mais là encore, nos attentes ne se ressemblent pas. Carl est patient. Il me dit que ça viendra, qu'il faut laisser faire le temps, qu'il ne faut pas s'inquiéter. Moi, je ne sais pas faire ça. Moi, je compte les jours, je guette le moindre signe, je pleure à chaque déception. Je vis dans l'attente, cette attente qui me ronge, qui me pèse. Parfois, je lui en veux d'être si calme, si confiant. Parfois, j'ai même l'impression qu'il ne veut plus d'enfant, que peut-être il se contenterait de notre vie à deux, avec nos chiens. Je sais que ce n'est pas vrai, je le sais au fond, mais l'angoisse me fait voir ce qui n'existe pas. J'ai peur. Peur qu'il se lasse. Peur qu'un jour, il se dise que c'est trop dur, que je suis trop triste. Peur qu'il ne m'aime plus comme avant. Peur qu'il parte. Peur qu'il lui arrive quelque chose, et que la vie me l'arrache, lui aussi. Je ne supporterais pas de le perdre, lui aussi.

Je me débats avec toutes mes peurs et toutes mes angoisses, et lui, il est là. Il m'aime. Et même s'il ne comprend pas toujours tout ce qui se passe en moi, il m'écoute, me prend dans ses bras quand je pleure, me rappelle que nous avons déjà traversé le pire. Et que nous tiendrons encore.

Et puis, il y a cette injustice, que j'ai déjà évoquée dans le chapitre précédent. Cette injustice, elle est là, tout le temps. Elle s'est immiscée aussi dans notre couple. Elle s'est glissée entre Carl et moi, dans nos gestes quotidiens, dans nos regards, dans nos silences. Elle est toujours présente, toujours prête à raviver la douleur. Pourquoi la vie nous a-t-elle arraché ce bonheur que nous attendions tant ? Cette injustice, elle hante Carl aussi, même s'il n'en parle pas toujours. Je la devine dans ses silences, dans la fatigue de son regard. Mais elle ne nous atteint pas de la même manière. Moi, elle nourrit mes colères, mes angoisses. Cette injustice est là, cachée dans l'ombre de notre quotidien. Elle me pousse à avoir peur de tout. Parfois, j'ai même peur que cette injustice revienne me prendre Carl. Parce que maintenant, je sais que ça peut arriver. Je sais que la vie peut basculer en une seconde.

On sait qu'on est abîmés, mais on sait aussi qu'on est ensemble. La perte de Louise n'a pas brisé notre couple. Elle l'a changé. Elle l'a fragilisé. Mais elle a aussi révélé une force que nous ne soupçonnions pas.

Notre amour a survécu au pire. Et c'est grâce à lui que, chaque jour, on se relève, main dans la main.

Chapitre 9

Mon combat pour redevenir mère

Dès l'instant où Louise est partie, j'ai su. J'ai su que j'aurais besoin, un jour, de porter à nouveau la vie. Que ce ventre ne pouvait demeurer vide indéfiniment. Que l'absence dans mes bras finirait par me briser. J'ai su que redevenir maman serait mon combat. Un besoin viscéral. Presque animal. Au début, pourtant, c'était confus. J'étais en pleine douleur, submergée par le chagrin. Louise occupait tout mon cœur, toute mon âme. Je n'arrivais pas à penser à un autre bébé. Je ne voulais pas la remplacer. Je voulais Louise. Rien qu'elle. Mais très vite, ce besoin d'un enfant est devenu plus fort que tout. Non pas pour combler son absence – je sais bien que personne ne la remplacera jamais – mais pour retrouver ce rôle qui m'a été arraché. Ce rôle de maman. Mon corps a porté la vie, et il l'a perdue.

Mais moi, je suis restée mère. Une mère sans enfant. Je suis maman, mais personne ne le voit. Personne ne le sait, si je ne le dis pas. Mes bras sont vides. Je me réveille sans pleurs de bébé, sans ces nuits entrecoupées dont toutes les mamans se plaignent, mais que moi, j'aurais tellement voulu vivre. Je donnerais tout pour être fatiguée de bonheur, fatiguée d'amour, fatiguée d'avoir trop donné à un enfant qui a besoin de moi. Alors, l'envie d'un autre enfant est devenue ma lumière, mais aussi mon fardeau. Elle me porte autant qu'elle me pèse. Parce qu'attendre, espérer, chaque mois, c'est aussi prendre le risque d'être déçue. Je vis au rythme de mon cycle. J'observe mon corps, j'analyse la moindre sensation. Chaque retard m'offre un battement d'espoir. Chaque douleur me ramène à l'échec. C'est une attente épuisante, qui me ronge de l'intérieur. Et c'est encore plus compliqué parce que je suis une femme. Mes hormones me jouent des tours. Un jour, j'y crois, je me sens différente, j'interprète chaque signe, et puis, le lendemain, je doute, je me dis que c'est encore perdu. Ce sont des montagnes russes émotionnelles qui m'épuisent. Le temps, lui, continue d'avancer. Impitoyable. Je me rapproche de mes quarante ans, cette fameuse horloge biologique dont on nous parle sans cesse. Elle résonne dans ma tête comme une menace. Le temps devient mon ennemi. Comme si, après m'avoir enlevé ma fille, il voulait m'arracher aussi l'espoir d'en avoir un autre. Chaque rendez-vous chez la gynécologue est devenu un supplice. Avant, ces visites étaient synonymes de vie, de battements de cœur sur l'écran, de cette petite silhouette qui grandissait. Aujourd'hui, c'est tout l'inverse. Je m'allonge sur cette table, et je regarde cet écran vide, cet écran sans cœur qui bat. À chaque fois, c'est une claque, une nouvelle douleur, un rappel de ce que j'ai perdu et de ce qui n'arrive toujours pas. Je ne vais pas expliquer tout le parcours de la PMA*, mais c'est ce qu'on a commencé à faire. Des examens, des traitements, des rendez-vous. Des moments souvent durs, parfois douloureux pour moi, que Carl ne réalise pas toujours. Il est là, il me soutient, mais il ne peut pas comprendre ce que c'est d'avoir son corps constamment scruté, piqué, sondé. Parfois, j'ai envie de tout arrêter. De dire stop. De retrouver mon corps pour moi, sans ces rendez-vous, sans ces attentes. J'ai peur aussi. Peur de me lancer vraiment dans ce parcours, parce que j'ai lu des témoignages.

*PMA : (Procréation Médicalement Assistée) :
Ensemble de techniques médicales permettant d'aider une personne ou un couple à avoir un enfant lorsqu'il y a des difficultés à concevoir naturellement. Elle inclut par exemple l'insémination artificielle, la fécondation in vitro (FIV), ou encore la congélation d'ovocytes.

Je sais que c'est difficile, que c'est éprouvant physiquement et psychologiquement. J'ai peur de ne pas tenir.

Et puis, il y a une autre peur, plus sourde, celle qui ne me quitte jamais. J'ai peur que ça marche. J'ai peur d'être enceinte. Parce que je ne suis plus cette femme insouciante qui découvre les joies de la maternité. Maintenant, je sais que tout peut basculer, que mon corps peut encore me trahir. J'ai peur d'une maladie, d'une fausse couche, d'une nouvelle grossesse où chaque jour serait une angoisse, où chaque battement de cœur serait guetté comme une survie. Peur d'aimer encore un bébé et de le perdre. Et pourtant, malgré tout, je continue. Parce que je rêve de pouvoir l'annoncer à nouveau à Carl. De retrouver ce sourire sur son visage, cette fierté dans ses yeux. De dire à nos proches, à notre famille : « Je suis enceinte. » Et d'y croire cette fois, d'espérer jusqu'au bout. Je le sais, cet enfant que j'attends de toutes mes forces, ce ne sera pas Louise. Ce sera un autre bébé, une autre histoire. Mais je le porterai avec ce même amour. Je l'attendrai avec la même impatience. Je le tiendrai contre moi avec cette tendresse décuplée par la perte. Ce bébé, je l'aimerai pour lui, mais je l'aimerai aussi parce qu'il viendra, d'une certaine manière, réparer une partie de mon cœur brisé. Je rêve de ce jour où je pourrai dire à Carl : « Ça y est, on va être parents. » Je rêve de poser ma main sur mon ventre et de me dire que cette fois, j'irai jusqu'au bout. Que cette fois, je repartirai de la maternité avec un bébé dans mes bras. Que cette fois, je rentrerai chez moi, fatiguée, mais heureuse, et que Louise, quelque part, sera fière de nous.

Mais en attendant ce jour, je me bats. Chaque matin, je me lève avec cet espoir. Chaque nuit, je m'endors avec cette peur. Je vacille entre la force et l'impuissance. Entre l'envie d'y croire et la peur d'y renoncer. Parce que mon plus grand combat, ce n'est pas seulement de redevenir mère. C'est d'apprendre à espérer, sans me détruire. C'est d'accepter que le bonheur peut revenir, même s'il prendra peut-être un autre chemin. C'est de garder en moi cette flamme, pour Louise, pour moi, pour cet enfant qui, je l'espère, viendra un jour. C'est de pouvoir dire, à Carl : « Merci d'avoir tenu bon, merci d'avoir cru en nous. Ça y est, on est parents. »

Chapitre 10

Est-ce que la vie vaut d'être vécue après un deuil périnatal ?

Je me suis posé cette question bien plus souvent que je ne l'aurais voulu. Il y a eu des jours où je me suis demandé si ça valait encore le coup. Si la vie avait encore un sens, si elle pouvait encore m'apporter autre chose que cette douleur sourde, cette absence insupportable. Perdre Louise a bouleversé toutes mes certitudes. Ce qui me semblait évident avant ne l'était plus. Tout ce que je projetais, tout ce que j'attendais de l'avenir s'est effondré.

Quand on perd un enfant, on perd plus que lui. On perd l'idée qu'on se faisait de notre vie. On perd l'insouciance. On perd la confiance que l'avenir sera forcément beau. On se met à douter de tout. De soi, des autres, du futur. Et parfois, même de la vie elle-même.

Il m'est arrivé d'y penser, à ce « là-haut ». À cette idée que, peut-être, si je partais, je pourrais retrouver Louise. Sentir son odeur, entendre son cœur battre, caresser sa peau. La tenir enfin sans avoir peur qu'on me l'enlève. Ces pensées sont venues, dans les nuits les plus noires, dans ces jours où tout me semblait trop lourd. Mais, à chaque fois, quelque chose m'a retenue. Carl d'abord. Parce qu'il est là, à mes côtés. Parce que nous avons traversé cette tempête ensemble, même si nos douleurs se sont parfois heurtées, même si nos silences ont été lourds. Parce qu'il m'aime dans ce que je suis devenue, même abîmée. Parce que je l'aime, et que je ne veux pas qu'il connaisse une autre perte. Il a déjà vu partir sa fille. Je refuse qu'il me voie partir moi aussi.

Il y a aussi mes parents, ma famille, mes proches. Je les sens inquiets parfois, mais toujours présents. Je sais qu'ils souffrent eux aussi. Pas de la même façon, mais ils portent également ce deuil, cette injustice. Je vois dans leurs yeux l'amour, mais aussi cette peur sourde de me perdre. Et je ne peux pas leur infliger ça.

Alors, je me suis accrochée.

Et puis, il y a eu ce moment où j'ai compris quelque chose : la vie ne sera jamais plus ce que j'imaginais. Mais est-ce qu'elle en vaut moins la peine pour autant ? Je croyais qu'un jour, j'aurais une vie « parfaite ». Une famille, des enfants dans le jardin, des fêtes d'anniversaires. Et peut-être que tout cela viendra. Mais maintenant, je sais que la vie n'est pas un long fleuve tranquille.

La vie, c'est des vagues. Des tempêtes parfois terribles, qui emportent tout sur leur passage.

La vie, c'est des jours où l'on suffoque, où l'on voudrait tout abandonner. Mais la vie, c'est aussi des éclaircies. Des matins où l'on se sent plus léger. Des instants où l'on rit, presque sans s'en rendre compte. Des moments où l'amour reprend sa place, même timidement.

Je me suis accrochée parce que je veux croire que le futur peut être beau, malgré tout. Parce que j'espère encore. Parce que l'espoir fait vivre. J'espère un jour porter à nouveau la vie. J'espère entendre les cris de mon enfant à sa naissance. J'espère voir Carl devenir papa, pleinement, sans cette douleur au fond du regard. J'espère voir mes parents devenir grands-parents, pas seulement d'un cercueil, mais en tenant un enfant dans leurs bras.

C'est dur de ne pas être enceinte. Chaque mois est une attente, une déception, une douleur de plus. Ce vide en moi est parfois insupportable. Mais, malgré ça, j'espère. Je sais que la vie n'effacera jamais le manque de Louise. Je sais que je porterai son absence jusqu'à mon dernier souffle. Mais je veux croire que la vie pourra encore m'offrir des bonheurs, même différents.

Et je pense à ceux qui ont tout perdu. À ces hommes, ces femmes, qui ont traversé des drames encore plus terribles, qui ont parfois perdu plusieurs enfants, ou leur famille entière. Ceux qui ont vu leur monde s'effondrer, et qui, malgré tout, continuent de vivre. Je les regarde comme des exemples. Ils me montrent qu'on peut se relever, que c'est possible. Qu'on ne sort pas indemne, mais qu'on avance, avec nos cicatrices. Ils me rappellent que, même dans le pire, la vie peut encore avoir un sens.

Je sais que je ne retrouverai jamais la joie de vivre que j'avais avant. Cette légèreté, cette insouciance, cette façon de me projeter vers l'avenir sans peur... elle m'a été arrachée avec Louise. Mais elle a existé. Et j'ai envie de la revoir, d'en retrouver des fragments, d'en goûter à nouveau quelques morceaux. Parce que si j'ai connu ce bonheur, même brièvement, c'est qu'il peut revenir. Sous une autre forme, peut-être. Plus fragile, plus conscient, mais tout aussi précieux.

Alors, est-ce que la vie vaut d'être vécue après un deuil ?

OUI.

Pas toujours de la manière dont je l'aurais imaginé.

Pas toujours facilement.

Mais OUI.

Parce que je suis encore là.

Parce que je suis aimée.

Parce que j'aime encore.

Parce que Louise a existé.

J'espère, malgré tout, que demain sera plus doux qu'hier.

Et c'est ça, vivre.

Ce n'est pas effacer la douleur.

Ce n'est pas oublier.

C'est avancer avec.

C'est trouver, même dans la nuit, une lueur à suivre. Et moi, cette lueur, je veux encore la chercher.

Pour elle.

Pour Carl.

Pour moi.

Parce que, même brisée, la vie mérite d'être vécue.

Chapitre 11

Et si demain...

Je n'ai jamais été de celles qui pensent que le temps efface la douleur. Je l'ai compris très vite, après la mort de Louise. On n'oublie pas. Jamais. Mais aujourd'hui, avec un peu de recul, je commence à me dire que le temps m'apprend autre chose. Il ne m'enlèvera jamais ce manque, il ne comblera jamais le vide laissé par ma fille. Mais il pourrait, peut-être, me réapprendre à vivre... autrement. Je ne retrouverai pas l'Ingrid d'avant. Cette insouciance, cette légèreté, cette joie spontanée... je sais qu'elle s'est envolée avec Louise. Mais est-ce que ça veut dire que je ne pourrai plus jamais être heureuse ? Est-ce que, sous prétexte que j'ai perdu ce qu'il y avait de plus précieux, je n'ai plus le droit à la lumière ? Longtemps, je l'ai cru. Parce que sourire, c'était trahir. Parce que rire, c'était nier sa mort. Mais aujourd'hui, je me demande... Et si ce n'était pas ça, l'aimer ? Et si l'aimer, c'était justement vivre ? Si c'était continuer, malgré tout, à chercher ces petits bonheurs du quotidien, ces instants suspendus, même furtifs ? Si c'était se dire que sa vie, aussi courte fut-elle, a laissé une trace si forte qu'elle m'oblige à avancer ? Je ne dis pas que c'est facile. Je ne dis pas que je suis guérie. Je ne le serai jamais.

Mais peut-être que je peux avancer autrement. J'aimerais redevenir maman. Bien sûr. C'est ancré en moi. Chaque jour qui passe me rappelle ce désir brûlant, ce ventre que j'aimerais sentir à nouveau s'arrondir, ces bras que j'aimerais remplir. Mais ce n'est pas que ça. J'ai envie d'apprendre à me réjouir à nouveau, sans me sentir coupable. J'ai envie de retrouver mon couple, pas seulement comme des parents endeuillés qui se tiennent la main pour ne pas sombrer, mais comme Carl et moi, ceux qui s'aiment depuis presque 10 ans, ceux qui aiment rire ensemble, partir en voyage, rêver. J'ai envie de pouvoir, un jour, regarder un lever de soleil et me dire que c'est beau, sans que la tristesse m'écrase. J'ai envie de sentir la vie vibrer en moi, autrement. J'ai envie de regarder ces photos de moi avant et de retrouver celle que j'étais. J'ai envie de prendre un enfant dans mes bras sans avoir de peine, sans que ce soit le reflet de ce que je n'aurai jamais. Je sais que Louise sera toujours là. Je sais que je penserai à elle à chaque anniversaire, à chaque Noël, à chaque fête des mères. Je sais que son absence me frappera encore, violemment, parfois sans prévenir. Mais j'aimerais que son souvenir devienne aussi lumière. Qu'elle soit cette étoile qui éclaire mon chemin, pas seulement cette ombre qui assombrit ma route. Je ne sais pas si j'y arriverai. Je ne sais pas si demain sera plus doux. Mais j'ai envie d'y croire. Parce que l'espoir fait vivre. Parce que je crois que Louise voudrait que je sois heureuse. Parce que je veux pouvoir lui dire, quand je regarde son étoile : « Tu vois, maman continue. Pour toi. Avec toi. »

Aujourd'hui, je ne suis pas encore enceinte. Mais j'ai envie d'y croire. J'ai envie de dire que ce jour viendra. Que ce ventre vide, un jour, se remplira à nouveau. Je garde l'espoir, même si certains jours, c'est difficile. Je me bats contre mes doutes, contre mes peurs, mais je continue. Alors, je vis. Pour moi. Pour lui. Pour Louise. Parce que je sais qu'elle voudrait ça. Que je continue, même brisée. Que j'avance, même avec mes cicatrices. Que je trouve la lumière, même si elle est encore loin. Et que Louise, à sa manière, est cet espoir qui ne me quitte jamais.

Chapitre 12

Mes derniers mots sont pour toi

À toi, mon futur bébé,

Je ne sais pas encore quand tu viendras, ni comment.

Je ne sais pas si ce sera dans quelques mois, dans un an, ou plus tard encore.

Mais je sais que, déjà, je t'attends.

Je t'attends avec tellement d'impatience, même si mon cœur est brisé.

Je t'attends surtout avec tout ce que je suis devenue depuis Louise.

Je ne vais pas te mentir : j'ai peur.

Peur de revivre ce que nous avons vécu avec elle.

Peur de m'attacher, de te perdre, de ne pas pouvoir supporter une autre douleur.

Mais malgré cette peur, il y a un espoir qui ne me quitte pas. Celui de te connaître, de te porter, de t'aimer, de te serrer fort dans mes bras...

Et surtout, de te voir grandir.

Ta grande sœur, Louise, a fait de moi une maman.

Une maman autrement, mais une maman quand même.

Et je t'aimerai, toi, pour ce que tu seras, pas pour la remplacer.

Je ne te demanderai jamais de combler ce vide.

Tu auras ta place, rien qu'à toi.

Tu seras mon autre histoire. Mon nouveau départ.

Et je ferai tout ce que je peux pour te protéger.

Pour essayer de ne pas échouer là où j'ai l'impression d'avoir échoué avant.

Tu seras la preuve qu'on peut aimer, même avec un cœur brisé.

Louise ne sera jamais loin de nous, ni de toi.

Elle ne sera pas ton ombre, elle sera ton étoile.

Celle juste au-dessus de ta tête.

Et peut-être qu'un jour, si j'ai la chance de te voir dormir, je verrai un peu d'elle aussi.

Ton papa t'attend lui aussi, avec beaucoup d'impatience. Il parle peu, mais il espère beaucoup. Je le sais.

Il a hâte de te serrer dans ses bras, de t'emmener en balade, de t'apprendre à faire des bêtises, de te montrer comment faire la danse du ventre, de te faire rire...

Mais surtout, de t'aimer aussi fort qu'il a aimé ta grande sœur.

Et moi, je t'attends aussi. Pas sans peur, ni sans crainte. Mais avec tellement d'amour.

« À vous, chers parents qui portez en vous l'absence et l'amour, à vous qui avancez malgré tout et qui cherchez un sens à tout cela... n'oubliez jamais, vous n'êtes pas seuls.

Le deuil d'un enfant est une épreuve que personne ne devrait avoir à traverser. Et pourtant, nous sommes nombreux à porter cette douleur silencieuse. Il n'y a pas de bonne façon de survivre à cela, pas de chemin tracé. Il n'y a que notre propre rythme, nos propres tempêtes, nos propres silences.

Que vous soyez au tout début de ce chemin ou que vous ayez appris à cohabiter avec cette absence, sachez que chaque émotion est légitime. Le manque ne disparaît pas, malheureusement, mais il se transforme. Et même dans l'obscurité, il y a toujours une lumière, aussi discrète soit-elle. Je le sais, parce que j'ai moi-même cherché cette lumière, certains jours sans la trouver, d'autres jours en la sentant timidement briller au fond de mon cœur. Je sais ce que c'est d'hésiter entre l'amour et la douleur, d'avoir peur d'oublier tout en sachant qu'on ne pourra jamais oublier. J'ai appris que l'on n'avance pas en tournant la page, mais en l'écrivant autrement.

Et si mon histoire résonne en vous, alors ce livre est aussi le vôtre. Il est la preuve que, malgré tout, nous continuons, nous survivons avec nos cicatrices. Par ce lien imperceptible pour les autres mais profondément tangible pour nous, leur présence transcende l'absence, ils continuent d'exister à travers nous. »

Remerciements

Je tiens à remercier ceux qui ont été présents à mes côtés, dans les jours sombres comme dans ceux plus lumineux.

À ma famille, mes amis, et toutes ces personnes bienveillantes qui m'ont entourée, écoutée et soutenue.

À Carl, pour son amour infaillible, sa patience et sa force. Pour avoir tenu ma main quand je sombrais, et pour m'avoir rappelé, encore et encore, que nous continuerions ensemble.

À Louise, ma fille, mon étoile. Tu es et resteras la lumière qui guide mes pas. Ce livre t'appartient autant qu'à moi.

À tous ces parents et ces familles endeuillés, à toutes celles et ceux qui portent en eux un amour que la vie n'a pas laissé s'épanouir comme il aurait dû. Dans cette traversée du deuil, j'ai trouvé du réconfort en lisant les témoignages, en découvrant des récits de parents qui, comme moi, cherchaient un sens à l'insupportable. Ces mots, partagés avec sincérité, m'ont aidée à comprendre que je n'étais pas seule. À travers leurs histoires, j'ai vu ma propre douleur, mes propres doutes, mais aussi une forme d'apaisement. Cela m'a montré que même dans cette solitude apparente, nous étions liés d'une manière invisible, liés par un amour que rien ne peut effacer.

Merci également à toutes les personnes qui ont contribué, de près ou de loin, à la naissance de ce livre : la correction, la relecture, la mise en page, les illustrations... Chaque détail a permis d'en faire ce qu'il est aujourd'hui.

Et enfin, merci à vous qui, en tournant ces pages, faites vivre ces mots et leur donnez un sens encore plus fort.